Gerhard Kiefel · Dunkle gesegnete Tage

Gerhard Kiefel

Dunkle gesegnete Tage

ein Krankengruß

Fotos Werner Richner

Kiefel Verlag
Wuppertal

Mein Herz, was dir begegnen
und widerfahren mag –
sei still,
Gott will dich segnen,
auch heute ist Gottes Tag!

An jedem neuen Morgen,
in jeder neuen Nacht
bist du bei ihm geborgen,
wirst du von ihm bewacht.

Arno Pötzsch

Plötzliche Krankheit

Eines Tages ging es nicht mehr. Eine Krankheit, die wir lange zurückgedrängt hatten und nicht wahrnehmen wollten, hat uns eingeholt und aus unserem Alltag herausgerissen. Lange Zeit vorher schon war an manchen Abenden – in den kurzen Augenblicken des Atemholens nach einem anstrengenden Arbeitstag – der besorgte Gedanke gekommen: „Ich schaffe es nicht! Es ist zu viel! Und meine Kraft ist zu klein!"
Aber diese Schatten sind immer wieder verdrängt worden. Wir hatten uns selber gesagt: „Nimm dich zusammen!" – und dem Freunde, der sich nach dem Befinden erkundigte, mit einem nicht ganz überzeugenden Lächeln erwidert: „Wie soll es schon gehen – gut!"
Jetzt wissen wir, daß es nicht gut ging. Wir wissen auch, daß uns schon mancherlei Signale begegnet sind, die auf Halt gestellt waren, aber wir hatten sie einfach nicht beachtet. Und nun steht dieses Halt mitten auf unserem Lebensweg, in unserem Alltag, daß wir einfach nicht mehr daran vorbeikommen. Die Krankheit läßt sich nicht länger leugnen.
Der Arzt war da, ein sonst seltener Besuch, und hat bescheinigt, daß es nicht von heute auf morgen in die Arbeit zurückgehen kann. Das schmeckt bitter wie die Medizin und die Bettruhe, die er verordnet hat. Mit Schrecken fallen uns die Termine ein, die schon fest geplant sind, und die Vereinbarungen, die wir getroffen hatten. Da sind die Angehörigen, die uns brauchen, und die vielen Aufgaben, die sich nun anstauen werden wie das Wasser vor der Barriere eines Erdrutsches, und wir möchten aufbegehren und die Krankheit abschütteln wie einen würgenden Feind. Wir empören uns gegen das Unsinnige der Krankheit, die in unserem Leistungsdenken nicht vorkommen

darf, und eine jähe Verzweiflung will uns packen, daß wir so unerwartet in die Gefangenschaft unseres Krankenzimmers geraten sind.
Aber während so in unserem Herzen der Aufruhr brennt, schlimmer als das Fieber in unserem Blut und die Schmerzen in unserem Körper, tritt fremd und wie gar nicht zu unserem Unruhgeist passend, eine seltsame Freude in unsere Seele: Der Terminkalender ist abberufen von der Kommandobrücke. Die Pflichten bleiben draußen hinter den Vorhängen, die eine behutsame Hand zugezogen hat. Das Krankenzimmer weitet sich zu einem Raum ungeahnter Freiheit, und die Hetze von gestern bleibt zurück. Wir atmen auf, legen uns zurück und schließen die Augen, und etwas sagt in uns, etwas, daß wir wider alle Vernunft des armen, gejagten Pflichtmenschen begrüßen wie einen lang verlorenen Freund: ich darf krank sein.

Gerhard Kiefel

Wache du, Herr, mit denen, die wachen oder weinen
in dieser Nacht, hüte deine Kranken,
laß deine Müden ruhen, segne deine Sterbenden,
tröste deine Leidenden, erbarme dich deiner Betrübten
und sei mit deinen Fröhlichen.

Aurelius Augustinus

Auf Gott vertrauen

Von Gott will ich nicht lassen,
denn er läßt nicht von mir,
führt mich durch alle Straßen,
da ich sonst irrte sehr.
Er reicht mir seine Hand;
den Abend und den Morgen
tut er mich wohl versorgen,
wo ich auch sei im Land.

Auf ihn will ich vertrauen
in meiner schweren Zeit;
es kann mich nicht gereuen,
er wendet alles Leid.
Ihm sei es heimgestellt;
mein Leib, mein Seel, mein Leben
sei Gott, dem Herrn, ergeben;
er schaff's, wie's ihm gefällt.

Ludwig Helmbold

Die Krankheit, nicht krank sein zu können

Vielleicht wäre unsere Freude über das wiedergefundene Menschsein zu oberflächlich geblieben. Vielleicht wären wir wieder in die alte Spur des verplanten Lebens zurückgeraten. Vielleicht wäre uns das „Ich habe keine Zeit!" – keine Zeit für Gott, keine Zeit für meine Angehörigen, keine Zeit für mich selbst – zu rasch über die Lippen gekommen, wenn uns nicht die Krankheit in diese Tiefe geführt hätte.

Aber das weiß man erst hinterher. Mitten darin ist die Krankheit Anfechtung. Schmerz ist Schmerz und kein Spiel. Angst ist Angst und wird nicht auf der Zuschauertribüne erfahren. Anfechtung ist Anfechtung und kein Scheingefecht. Die kleine Waffe der Selbstbeherrschung erwies sich als Kinderspielzeug. Der Feind hat sie uns aus der Hand geschlagen. Wenn wir uns vor Besuchern sicher glauben, überkommt uns ein Weinen, das wir in ferner Kindheit zurückgelassen glaubten. Und wenn ein Mensch an unser Krankenlager tritt, mit dem wir in besonderem Vertrauen verbunden sind, dann sprechen wir die Sorgen aus, die sonst keiner zu hören bekam, weil wir sie mit Forschheit und doppeltem Pflichtgetue überspielt hatten. Und mancher von uns nennt die Angst beim Namen, die in den schlaflosen Nachtstunden in uns aufsteht: „Wenn ich nun nicht wieder gesund werde?"

Ein bedeutender Arzt hat ein Buch geschrieben, das den seltsamen Titel trägt: „Die Krankheit, nicht krank sein zu können". Dieses Buch spricht die Einsicht aus, daß wir an unserem Menschsein krank sind, wenn wir die leiblichen Krankheiten verdrängen. Weil wir die Krankheit als Krise, als Atempause, als Zeit zur Läuterung und zur Reifung, als Heimsuchung Gottes aus unserem Leben zu verbannen suchen, sind wir in

jene viel gefährlichere, tiefere Krankheit hineingeraten, in „die Krankheit, nicht krank sein zu können“. Wir sind nicht bereit zur Umbesinnung. Wir wollen den Stolz nicht hingeben, mit dem wir unser Leben im Griff behalten wollen.
Zu selbstverständlich sind wir immer davon ausgegangen, daß wir unser Dasein mit unseren eigenen Kräften meistern könnten und müßten. Wir möchten nicht abhängig sein. Wir möchten nicht, daß Gott über uns verfügt. Wir möchten kein geschenktes Leben. Wir wollen unser Leben in der Hand haben, und wenn wir die Hilflosigkeit der Krankheit erfahren, scheint uns alles verloren. Wer seine Krankheit so erleidet, steht in der Versuchung, die Krankheit zu verdrängen.
Diese Versuchung wird genährt durch die Grundhaltung unserer Zeit, alles Schwere aus dem Leben zu verbannen, Krisen und Spannungen zu vermeiden und Schmerzen auszuschalten. Dabei verstehen sich die Akteure dieses manipulierten Lebens allesamt als Helfer und Freunde des Menschen. Sie wissen nicht mehr, daß kein Leben reifen kann ohne Vertiefung. Sie wollen nicht wahrhaben, daß nur die Annahme der Krise wirklich heil macht; daß es kein wesenhaftes Leben gibt ohne Durchschreiten der dunklen und schweren Tage, die uns erst das Dasein als wunderbares Geschenk, als unverfügbares Geheimnis erkennen lassen. Sie übersehen, daß wir nur das Leben wirklich lieben und nur um das Leben mit aller Kraft kämpfen können, das uns ganz und gar in Frage gestellt war, das wir schon verloren hatten, und das uns dann neu anvertraut wurde.

Gerhard Kiefel

Laß das Schweigen gesegnet sein

Vater im Himmel! Auf vielerlei Weise redest du
zu einem Menschen.
Du, dem Weisheit und Verstand allein gehören,
du willst dich ihm dennoch verständlich machen.
Ach, und wenn du auch schweigst,
so redest du ja doch mit ihm.

O die Zeit des Schweigens,
wenn ein Mensch dürstet in der Wüste,
da er deine Stimme nicht hört,
da ist es ihm, als wäre sie ganz entschwunden.

Vater im Himmel, es ist ja doch nur
der Augenblick des Schweigens
in der Innerlichkeit des Gesprächs.
So laß es gesegnet sein, auch dieses Schweigen,
wie jedes deiner Worte zu einem Menschen;
laß ihn nie vergessen,
daß du auch dann noch redest, wenn du schweigst;
schenke ihm diesen Trost, wenn er auf dich baut,
daß du aus Liebe schweigst,
wie du aus Liebe redest,
so daß nun, ob du schweigst oder redest,
du noch derselbe Vater bist,
ob du durch deine Stimme Weisung gibst
oder dich durch dein Schweigen entziehst.

Sören Kierkegaard

Jesus trug sein Kreuz

Das ist ein kurzes, aber inhaltschweres Wort. Das Kreuz, an das er genagelt werden sollte, hatte man ihm auf die Schulter gelegt, damit er es selbst zum Hügel Golgatha hinauftragen sollte. Und - er trug es. Er trug es mit schmerzender Schulter. Er strauchelte unter der Last. Aber er trug es. Er machte nicht einen letzten Versuch, sein Leben zu retten, was wahrscheinlich nicht schwer gewesen wäre. Sondern er trug sein Kreuz.
Das ist zu allen Zeiten den Christen ein Vorbild gewesen. Wir tragen ja alle unser Kreuz. Nicht ein so schweres Kreuz wie das, das Jesus trug, an dem die ganze fluchwürdige Bosheit und Selbstsucht der Menschheit hing. Aber doch: unser Kreuz! Denn ein Menschenleben ohne Leid und Last gibt es nicht. Von einem Leben ohne Kreuz und Leiden können nur Atheisten träumen, die die Wirklichkeit nicht sehen wollen.
Jeder hat sein Kreuz. Bei dem einen ist es sichtbar für jedermann. Da ist Krankheit, Unglück in der Familie, Zusammenbruch aller Lebenshoffnungen. Bei dem anderen ist es verborgen. Wer viel mit Menschen zu tun hat, der weiß, bei wie vielen plötzlich etwas herauskommt, wovon niemand etwas geahnt hatte; ein Schuldgefühl, weil man im entscheidenden Augenblick versagt hat, weil man sich um die, die einem die Allernächsten sind, nicht genug gekümmert hat, weil man zum inneren Frieden kommen möchte und doch innerlich zerrissen ist, weil man in trostloser Umgebung arbeiten muß und doch die Kraft nicht findet, sich da herauszureißen. Es gibt unendlich viel Leid auf der Welt.
Dies Leid sollen wir tragen. Wir sollen nicht gleich aufschreien, es sei unerträglich! Sondern wir sollen es tragen, auch wenn die

Schultern schmerzen. Denn Leid - es sei denn, daß wir ganz allein schuld daran sind - kommt aus Gottes Hand. Und Gott mutet niemandem mehr zu, als er tragen kann.
Und weil es aus Gottes Hand kommt, will es uns - und vielleicht auch anderen - zum Segen werden. Leiden, gegen das wir uns auflehnen, an dem wir uns wundreiben, durch das wir uns bitter machen lassen, hat keinen Segen. Aber wo das Leid getragen, geduldig getragen wird, da ist Gottes Segen.

Otto Dibelius

Nach dir, Herr, verlangt mich,
zu meinem Gott erhebe ich meine Seele.
Tue mir kund, Herr, deine Wege
und lehre mich deine Pfade.
Leite mich in deiner Wahrheit,
denn du bist der Gott, der mir hilft.
Auf dich hoffe ich täglich.
Wende mir zu deine Barmherzigkeit, Herr,
und deine Güte, die von Ewigkeit her besteht.
Denke an mich mit deiner Gnade,
denn ich weiß, daß du gütig bist.

aus Psalm 25

Tue, was du willst

Ich bitte dich weder um Gesundheit
noch um Krankheit,
weder um Leben noch um Tod,
sondern darum, daß du über meine Gesundheit
und meine Krankheit,
über mein Leben und meinen Tod verfügst
zu deiner Ehre und zu meinem Heil.

Du allein weißt, was mir dienlich ist.
Du bist der Herr, tue, was du willst!
Gib mir, nimm mir!
Herr, ich weiß, daß ich nur eines weiß:

Es ist mir gut, dir zu folgen.
Und es ist mir schädlich, dich zu beleidigen.
Ich weiß nicht, was mir nützlicher ist:
Gesundheit oder Krankheit, Reichtum oder Armut.
Ebenso ist es bei allen Dingen der Welt.
Diese Entscheidung übersteigt die Kraft
der Menschen und der Engel.
Was mir nützlich oder schädlich ist,
bleibt mir verborgen; es ist dein Geheimnis.
Ich will es nicht ergründen.
Ich will nur anbeten.

Blaise Pascal

Gute Gefährten

Wohl denen, die einen Arzt gefunden haben, der in ihrer Krankheit mehr sieht als einen medizinischen Fall, den er mit einigen Medikamenten behandeln kann. Wohl denen, die gute Gefährten gefunden haben für den Weg ihrer Krankheit; Gefährten, mit denen man Zwiesprache halten kann über das, was auf unsrem bisherigen Weg war, was uns nun aufgegeben ist und was sein soll, wenn uns das Leben noch einmal mit neuer Gesundheit zurückgeschenkt wird.

Daß es diese Gefährten gibt, wird für jeden zu einer beglückenden Erfahrung in der Krankheitszeit; wobei wir freilich mit einem durch die Krankheit geweckten Sinn für die Unterscheidung zwischen echt und unecht, wesentlich und unwesentlich, zwischen Schein und Sein, die Menschen und Dinge prüfen müssen.

Mancher wird zunächst nach der leichten Kost verlangen, die ihm im Alltag die kritischen Zeiten überbrückt hat, die Stunde nach dem Aufstehen, die Minuten auf der Fahrt zur Arbeit, die kurzen Arbeitspausen, die untätigen Stunden am Abend. Er wird keine Mühe haben, sich die Illustrierten der Nachbarn und Kollegen mitbringen zu lassen, die ihre bunte Welt des schönen Scheins, der Sensation und Halbinformation vor uns hinstellen. Das Radio läßt sich in jedem Krankenzimmer installieren und vielleicht auch der Fernsehapparat. Und dann werden sich, wenn der Arzt es erlaubt, die Besucher einstellen, und wer will daran zweifeln, daß sie es allesamt gut mit uns meinen, mit der leicht hingesagten Bemerkung, daß wir schon viel besser aussähen, mit dem Bericht aus der Welt da draußen, der uns zeigt,

wie wenig wir versäumt haben, und auch mit der unverkennbaren Hilflosigkeit, was man denn mit einem Menschen tun und reden soll, der nicht im „normalen Leben“ steht. Es mag uns dabei aufgehen, daß die Kranken nicht immer die Ratlosesten sind. Es kann geschehen, daß uns jemand seine Sorgen anvertraut, weil die Gesunden keine Zeit für ihn hatten. So sind dann zwei Menschen beieinander, die in unserer merkwürdigen Gesellschaft unter den Kategorien „produktiv“ und „unproduktiv“ sehr deutlich unterschieden werden. Sie sprechen über ihr Leben, sein Woher und Wohin und sein Wozu. Sie finden sich in ihrer Schwachheit. Sie legen die Maske ab, die uns dort draußen bis zur Unkenntlichkeit vor unseren Mitmenschen verbirgt. Und sie entdecken, daß sie in der Tiefe eine sehr verwandte Angst mit sich tragen und eine sehr ähnliche Sehnsucht nach Verstandenwerden und Angenommenwerden.
Wenn sich das ereignet, so sind da zwei Menschen in einem Krankenzimmer, ob sie das wissen oder nicht, ganz offen für Gott mit ihren leeren Händen und mit ihren leeren Herzen, weil Gott trotz all unserer Selbstentfremdung und trotz all unseres Vergessens und Verleugnens uns nicht vergessen hat. Was wir da, stammelnd und verlegen, miteinander sprechen, können wir Gott sagen, einer für den andern. Dann ist es ein Gebet, ist es eine Gnadenstunde; und unser Krankenzimmer eine geöffnete Tür zum Leben.

Gerhard Kiefel

Durch die Liebe diene einer dem andern.

Galater 5, 13 b

wußten sie schon
daß die nähe eines menschen
gesund machen krank machen
tot und lebendig machen kann
daß die nähe eines menschen
gut machen böse machen
traurig und froh machen kann

wußten sie schon
daß das wegbleiben eines menschen
sterben lassen kann
daß das kommen eines menschen
wieder leben läßt
daß die stimme eines menschen
einen anderen menschen
wieder aufhorchen läßt
der für alles taub war

wußten sie schon
daß das anhören eines menschen
wunder wirkt
daß das wohlwollen zinsen trägt
daß ein vorschuß an vertrauen
hunderfach auf uns zurückkommt
daß tun mehr ist als reden
wußten sie das alles schon

Wilhelm Willms

Damit wir gesund werden

Es ist Nacht. Die wievielte Nacht schon, seit wir krank wurden? Wir liegen wach und zählen die Glockenschläge der Kirchturmuhr und können keinen Schlaf finden. So war es schon oft. Wir haben gelernt, daß es sinnlos ist, die Gedanken um das kleine Heute kreisen zu lassen, mit dem sorgenden Abwägen dessen, was der Arzt gesagt hat und wie er es meinte. Es ist stille in uns geworden. Und dann begegnen sich die Stille unserer Seele mit der Stille der Nacht, und die Wanderung kann beginnen unter diesem weiten Horizont, die Reise in die Vergangenheit.
Die Kindheit ist wieder da. Ich bin zu Hause. Die Mutter tritt an mein Bett, wenn ich angstvoll geträumt habe. So manche Stunde hat sie bei mir gesessen und meine Hand gehalten und mir über die heiße Stirn gestrichen, wenn das Fieber in mir glühte und der Durst mich quälte. Die Schulzeit und die Jugendjahre tauchen wieder auf aus dem Dämmer der Erinnerung. Frohe und kummervolle Erlebnisse, Gutes und Böses vielfältig ineinander verwoben auf einem langen Weg. Ich habe gelernt; viele Fächer in vielen Stunden. Nun suche ich wiederzufinden, was ich vom Leben gelernt habe, wozu ich da bin und wohin die Wegweiser zeigen, die mir gegeben sind. Ich stelle mit Betroffenheit fest, daß mein Alltag sich weit von der Spur entfernt hat, die mir damals so wichtig gewesen ist.
Es gibt einige Augenblicke in meinem Leben, da ist diese Spur wieder aufgetaucht. In meiner Jugendzeit kam mein bester Freund bei einem Autounfall ums Leben. Als wir zum Trauergottesdienst in der Kapelle Gottes Wort hörten und am Grab

von ihm Abschied nahmen, war es mir, als müßte mein Leben nun anders gelebt werden, mehr auf das Ziel hin und so, daß jeder Tag ein Geschenk für mich war.
Später dann, in den Jahren des Krieges, habe ich so oft Abschied nehmen müssen, daß nicht allzuviel Zeit blieb für solche Gedanken. Aber angerührt hat es mich immer wieder, dies Wissen: du mußt anders leben! Du darfst dein Leben nicht so dahingehen lassen. Dann kam der Zusammenbruch des Dritten Reiches und die große Krise für Millionen. Auch ich erlebte diese Heimsuchung am eigenen Leib, zuerst im Gefangenenlager und dann in der Mühsal der ersten Jahre nach dem Krieg mit Hunger und Frieren, mit Gelegenheitsarbeit und Wiederaufbau der Existenz. Wir haben uns gelobt hinter dem Stacheldraht des Lagers: Wenn ich wieder heimkehren darf, soll mein Leben ganz anders werden. Ich muß mehr Zeit haben für die Familie, für jeden einzelnen Menschen, der mir über den Weg geschickt wird.
Es soll nicht wieder so ohne Gebet und ohne Gottesdienst sein. Ich werde mein Leben als ein unverdientes Geschenk aus Gottes Hand noch einmal ganz neu empfangen. Die Wohnung, die Kraft zu arbeiten, die Freiheit, hierhin und dorthin zu gehen, die Freunde und das tägliche Brot, dies alles soll mir ein kostbar anvertrautes Gut sein, mit dem ich hauszuhalten habe.
So habe ich gedacht. Darüber haben wir damals gemeinsam gesprochen. Ich habe es in der Nacht im Gebet Gott gesagt. Aber dann ist doch alles ganz anders gegangen. Ich war hastig, auf und davon zu kommen. Ich hatte keine Zeit mehr für solche

Gedanken und für solche Gespräche und solche Gebete. Ich habe „gearbeitet wie ein Irrer", wie man das so nennt. Und indem mir dies alles durch den Sinn geht, sind das Gefangenenlager von damals und das Krankenlager von heute plötzlich ganz dicht beieinander. Es fällt mir wie Schuppen von den Augen, und ich weiß mit einem tief inneren Wissen, das mehr weiß als jede Diagnose des Mediziners, daß ich krank liege, um jene Lektion noch einmal zu wiederholen, die mir von Gott im Gefangenenlager aufgegeben war, und die ich - ein schlechter Schüler - so rasch wieder vergessen hatte.
In dieser Nacht hadere ich nicht über meine Krankheit. Ich bin betroffen und bin doch sehr froh. Meine Gedanken formen sich zu Worten, die meine Lippen leise sprechen, zu einem Gebet, einem Bekenntnis vor Gott. Ich nehme die Krankheit an als seine Heimsuchung. Ja, er sucht uns heim! Er liebt uns auch da noch, wo er uns weh tun muß, weil wir es anders nicht begreifen wollen, daß wir zu etwas Besserem auf der Welt sind, als zu jagen und andere zu hetzen, zu sorgen und zu sammeln und die Augen vor dem wahren, wirklichen, menschlichen, gottgewollten Leben zu verschließen.
Ich bitte Gott darum, daß er mich gesund werden lassen möchte. Ich wünsche es mir wie ein sehr großes Geschenk. Aber ich will es nicht mehr ertrotzen und erzwingen.
Ich bin stille geworden, und ein großes Vertrauen ist in mir, daß Gottes Weg in jedem Fall ein guter, gnadenvoller Weg sein wird.

Gerhard Kiefel

Tag für Tag sei der Herr gepriesen;
denn er trägt uns, er ist unser Helfer!

Psalm 68, 20

Ein neuer Anfang

So mancher Tag ist dahingegangen, und so manche Nacht habe ich durchwacht. Ich bin dankbar und zuversichtlich gewesen, eingehüllt in Gottes Frieden, geborgen in der Treue, die er mir in Christus neu gewiß gemacht hat. Mit manchem lieben Menschen habe ich mich verstanden wie kaum zuvor. Aber es hat auch an Stunden der Angst und der Auflehnung nicht gefehlt, in denen ich kleinmütig und verzagt alles verloren geben wollte. Doch nun denke ich, daß diese meine schwachen Stunden dazugehören, damit ich mich nicht wieder so töricht und blind auf mich selbst verlasse, sondern mich daran halte, daß alles Gnade ist. Eben hat mir der Arzt gesagt, daß ich wohl in einer Woche wieder aufstehen darf, und daß er auf eine völlige Genesung hofft. Nun bin ich wieder allein in meinem Zimmer, und die große Stille ist um mich wie am Anfang. Von dieser Stille möchte ich etwas mitnehmen in den Alltag, der mich mit Lärm und Unrast nicht verschonen wird. Ich möchte gern immer wieder einmal in eine solche Atempause eintauchen können, wenn mich die Pflichten und Anforderungen müde gemacht haben. Meine Werktagsabende und die Wochenenden und der Urlaub müßten Inseln sein in der großen Flut, Raststätten zur Einkehr für mich und die Meinen und für Menschen, die mir gehetzt begegnen.
Und in meinem Leben soll Raum bleiben für all die Leidens- und Schicksalsgefährten, die Gott in die Krankheit und Schwachheit geführt hat. Sie sollen mir Zeichen sein an meinem Weg: „Vergiß nicht, was er dir Gutes getan hat".
An sie muß ich noch einmal besonders denken in dieser Stunde. So mancher bleibt zurück auf seinem Krankenlager, zu langem hilflosen Warten, zu Siechtum und früher Invalidi-

tät verurteilt, und mancher hat aus dem Schweigen des Arztes und den bekümmerten Gesichtern der Seinen die Diagnose herausgelesen: „Es wird nicht mehr gut". Ich weiß, wie ich selbst mit allen Fasern meines Herzens am Leben gehangen habe und wie schwer das Annehmen der Hilflosigkeit fällt. Und dennoch, das Urteil „es wird nicht mehr gut" - „es wird wieder gut" -, es hat seinen Sinn für mich seltsam verändert. Wenn ich arbeiten kann aus der Fülle leiblicher und geistiger Kraft und habe Erfolg, geht es mir dann gut? Das Wort eines sehr reichen Mannes aus der Stadt meiner Kindheit fällt mir ein, eines Mannes, der von vielen beneidet wurde um sein großartiges Haus, seinen schönen Park und um all seine Macht: „Eigentlich bin ich der ärmste Mann dieser Stadt!"
So will ich denn nach dem trachten, was „eigentlich" reich macht, und die Gesundheit und die Gaben und Güter dieses Lebens annehmen als anvertrautes Gut, mit dem ich haushalten soll in Gottes Auftrag und im Dienste der andern, die mir als meine Mitmenschen zugeordnet sind. Ich werde nicht für mich allein gesund... Ich bin auch nicht für mich allein krank gewesen. Einer ist für mich Mensch gewesen, hat für mich gelitten und ist für mich gestorben und auferstanden, damit ich leben darf, leben in dieser Zeit und leben aus seinem Tod. Was auch mit mir werden mag auf meinem weiteren Weg - alles wird voller Erfüllung und Sinn sein, was aus Seiner Liebe gelebt wird. So waren die Stunden meiner Krankheit, da Er mich besucht hat, nicht verlorene, sondern gewonnene Zeit. Ich bin krank geworden, damit ich gesund werde.

Gerhard Kiefel

Ich will Gott preisen

Ich will Gott preisen Tag für Tag.
Ich will singen von allem, was er für mich
getan hat. Ich freue mich,
daß Gott sich um mich armen Menschen kümmert.
Ich will, daß die Verlassenen es hören
und sich mit mir freuen.
Ich suchte nach Gott, ich redete zu ihm
und suchte Antwort,
da hörte er mich und befreite mich von meiner Angst.
Wer sich an Gott wendet,
der wird Gottes Glanz spiegeln.
Sein Gesicht wird hell sein von Freude.
Wer es hören will: Hier bin ich!
Ich bin ein armer Mensch, der zu Gott schrie.
Gott hörte mich und half mir aus meiner Not.
Mit Händen könnt ihr greifen, wie gütig der Herr ist.
Glücklich, wer den Weg zu seinem Herzen findet.
Glücklich, wer sich zu ihm flüchtet!

aus Psalm 34

9

Inhalt

Literaturnachweis

Otto Dibelius
Das ist ein kurzes, aber inhaltschweres Wort
aus: „Worte für den Tag"
Christlicher Zeitschriftenverlag, Berlin

Wilhelm Willms
wußten sie schon...
aus: Wilhelm Willms, der geerdete himmel.
wiederbelebungsversuche
Verlag Butzon & Bercker, Kevelaer [7]1986,
S. 5 (gekürzt)

Unser Dank gilt allen Autoren und
Verlagen für die freundlich erteilten
Genehmigungen zum Abdruck der
gewählten Texte.

Bibelnachweis

Das Neue Testament
übertragen von Jörg Zink
Kreuz Verlag, Stuttgart

Er wird meine Stimme hören
Psalmen des
Alten und Neuen Testaments
übertragen von Jörg Zink
Kreuz Verlag, Stuttgart

Reproduktionen: Peter Karau, Bochum
Satz und Druck: Phil. Baltin GmbH + Co., Gevelsberg
Einband: Verlagsbuchbinderei W. Berenbrock, Wuppertal
ISBN 3 7811 0403 6